# Creando Paz

## a Través del Idioma

## Escritora

## Kenny Paola Muñoz Salgado

# #JEL

Jóvenes Escritores Latinos
info@jelusa.org

*#JEL - Creando Activistas
a Través de las Letras*

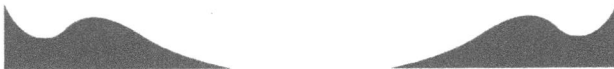

**Imagen de portada: Kenny Paola Muñoz Salgado**
**Diseño de Portada y Representante en USA: Hendrix**
**Muñoz**
**hendrixmunoz@gmail.com**

Producido por Miriam Burbano
Editorial #JEL
#JEL - Jóvenes Escritores Latinoamericanos
info@mbc-education.com
Impreso en USA
**ISBN 978-1-7334880-2-0**
Copyright © 2019

# Escritora
# Kenny Paola Muñoz Salgado

## Prólogo de la Editorial
## Activista y Escritora Miriam Burbano

Una de las herramientas más poderosas que tenemos para comunicarnos es el idioma. Sin embargo, en muchos casos pensamos que el buen uso de las palabras viene automáticamente con nosotros al nacer porque manejamos un idioma.

Sin embargo, es el idioma mismo el que podría presentar una barrera para una buena comunicación.

Es un error pensar que aprender a hablar es lo mismo que aprender a comunicarnos. Este libro, con un nombre tan poderoso como poderosa es su autora **Paola Muñoz Salgado**, examina las diferentes áreas donde las palabras pueden construir y crear ambientes y espacios de paz con el buen uso de la comunicación usando nuestro idioma.

Como bien lo dice la **Escritora Muñoz**, "...el idioma y la cultura poseen un vínculo con la humanidad y tienen el poder de crear paz en cada rincón donde se hable una palabra", contamos con una fuente ilimitada de palabras por ende una fuente ilimitada de herramientas para crear paz cada vez que articulemos una de ellas y en muchas ocasiones sin importar el idioma.

Aunque el tema de como crear paz a través del idioma como parte misma de la cultura es un tema complejo y presenta un verdadero reto, la **Escritora Muñoz** logra desarrollar el tema en este libro de manera majestuosa especialmente en el capítulo uno donde comienza por citar a los investigadores Atkinson y Sapir para abrir camino a sus propios pensamientos de la creación de paz a través del idioma.

**Muñoz**, a su corta edad de 18 años, logra de forma magistral en el capítulo seis  declarar una verdad que podría unirnos en la creación de paz y aceptación entre diversas culturas independientemente de banderas o nacionalidades. "..Como se mencionaba en los argumentos pasados, el idioma no es un determinante o mejor dicho un limitante para poder establecer relaciones con otras personas fuera de nuestra misma cultura o habla."

*Creando Paz a Través del Idioma* inclusive toma el idioma y la migración y los une en una relación de cooperación natural y necesaria para que la diversidad obtenga rutas de creación y riqueza. En uno de los últimos capítulos, **Muñoz,** dice, "... Si bien, los migrantes no pueden imponer su idioma, sí pueden cambiar ciertas cuestiones o modificar estructuras, incorporar vocabulario o gramática del idioma del país de residencia para hacer de su nueva casa un hogar."

Leer a Muñoz en su libro **Creando Paz a Través del Idioma** es refrescante, educativo y nos llena de esperanza ya que nos recuerda que podemos usar el idioma para crear paz en cada rincón de este planeta. Lo más importante es también tener conciencia de que está a disposición de cada uno de nosotros sin importar nuestro estatus en esta sociedad y que sólo basta con accionar este poder para crear tranquilidad, alegría y por ende paz.

# PROLOGO
## Lic. Rafael Ochoa

Máster en Formación del Profesorado de la Universidad de Granada, España. Catedrático de Lingüística Española del Departamento de Letras, UES.

Kenny Paola Muñoz Salgado nos sorprende con este trabajo en prosa, asumido como un manifiesto de la paz, como una clara apología de ese valor universal tan difícil de encontrar en estas sociedades modernas.

Aunque lo novedoso del caso es que, en este libro, Kenny Paola se acerca al tema de la paz utilizando como medio de discusión el tema del lenguaje, bien en su sentido amplio dentro de la semiótica como ciencia de los signos, entendiendo por lenguaje aquellas formas de manifestación humana, como el afecto; o bien en su sentido restringido que compromete el concepto de lenguaje con procesos como la filogénesis y la ontogénesis, la lengua como sistema de comunicación y el idioma. *Creando paz a través del idioma* es el título del interesante escrito que Kenny Paola Muñoz Salgado deposita ahora en nuestras manos. Entre sus páginas, que en conjunto dan cuerpo a un volumen compuesto por diez apartados, el lector encontrará todo un despliegue de atractivos temas cotidianos que seguramente son del interés indiscutible para la *irenología*, o ciencia de la paz, y para cualquier persona o pueblo diligente por el cultivo de un valor asociado a principios como la tolerancia y el respeto.

Ya el "Benemérito de las Américas", Benito Juárez, había afirmado en el siglo XIX: *"Entre los individuos, como entre las naciones, el respeto al derecho ajeno es la paz"*. Con esta sentencia, el reconocido estadista mexicano enarboló, con inteligencia, el estandarte de un principio fundamental para mantener la armonía entre los seres humanos y los pueblos. Y como continuación del esfuerzo, Kenny Paola Muñoz ofrece en *Creando paz a través del idioma*, una serie de escritos en los que el respeto por el idioma, por la cultura, el cultivo del amor entrañable entre el género humano, conocido por los

11

griegos como el "ágape", se erigen como novedosa propuesta para construir un mundo mejor, más humano, y digno de ser habitado. Sin duda, una lectura obligatoria, un manifiesto a favor de los idiomas.

# DEDICATORIA

A todas aquellas personas que están dispuestas a formar un mundo mejor, libre de estereotipos que nos dañan unos a otros.

# AGRADECIMIENTO

Se les otorga reconocimiento a aquellas personas que estuvieron en el proceso apoyando el libro y su contenido brindando recomendaciones. Se le reconoce a Miriam Burbano y la Organización Jóvenes Latinoamericanos Escritores por depositar la confianza necesaria y la oportunidad de elaborar el libro bajo el título *creando paz a través del idioma* otorgando el conocimiento de los distintos problemas existentes en el mundo y cuánta atención requieren por parte de los seres humanos en general.

De igual manera se le reconoce a mi familia por brindar su apoyo y contribuir para que el libro fuera trabajado día a día, con la ayuda de ellos es que es posible haber llegado hasta este punto. También reconozco la inmensa sabiduría que Dios me otorgó para poder brindar un buen contenido del libro. De igual manera se le agradece a el Lic. Ochoa quien estuvo dispuesto ayudarme con la realización del prólogo a pesar del corto espacio de tiempo que se le otorgó y que a pesar de eso colocó todo su empeño en el prólogo. Por otra parte, agradezco a Roxana Gómez quien aportó su ayuda para que el libro tuviera un final de manera impecable. En general, se les agradece a todos quienes estuvieron activos en el proceso de realización del libro.

# DESCRIPCIÓN
# CREANDO PAZ
## A TRAVÉS DEL IDIOMA

El libro está compuesto por 10 temas distintos que se relacionan y nos dan las pautas de cómo el idioma, como parte de la cultura, tiene el poder inmenso de la creación misma de la paz. Una paz simple, sencilla y generosa y que puede ser creada donde quiera que se utilice la palabra.

El primer capítulo surge con la historia de los idiomas donde se dan a conocer las distintas teorías como la monogénesis, la Torre de Babel que es la más aceptada por las personas debido a su racionalidad, también se encuentra la teoría de la poligénesis. Por lo que, las personas a través de estas teorías antes postuladas por los investigadores, los lleva a la conclusión de que cada idioma existente en el mundo es el que caracteriza a cada uno de los países. También se mencionan los estudios que realizó el investigador Atkinson y como determinó el lenguaje un marcador de ascendencia cultural. Por otra parte, el antropólogo Sapir muestra los estudios que realizó con respecto a la lingüística y qué por medio dé está se puede conseguir posteriormente una diversidad.

El segundo capítulo habla acerca del idioma en un recién nacido. En este capítulo se busca poder comprender cómo los niños manifiestan sus incomodidades y como con el transcurso del tiempo se pueden volver más familiarizados con su idioma. Se muestra el estudio de Priscilla Dunstan y la capacidad de ver a través de su bebé las diferentes manifestaciones que los niños pueden mostrar al no tener del todo claro su idioma, debido a la edad en la que ellos están. De igual manera, se abarca la importancia de tener una comunicación efectiva con los pequeños para que se desarrollen de mejor manera cuando sea su turno de interacción.

El tercer capítulo habla acerca del porqué se le denomina lengua materna y es por esa misma razón que los bebés comprenden el llamado de sus padres, debido a que es la primera vez que ellos logran reconocerla. La lengua materna fue estudiada por Chomsky y el menciona el límite de edad por el cual puede ser perfeccionada y toda lengua que sea aprendida después de esa edad límite pasase hacer como una segunda lengua.

El capítulo cuatro habla acerca del amor fraterno y los idiomas. Donde se explica el amor fraterno como un estado mental. De igual manera, se da a conocer como el amor fraterno se puede dar a los amigos más preciados y por supuesto a la familia.

Por lo que, un vínculo amoroso fuerte es determinante para poder tener una comunicación estable; por lo tanto, un núcleo familiar podrá tener un ambiente sano y cálido. El amor fraterno puede perdurar por los siglos de los siglos con la finalidad de hacer acciones agradecidas para con los demás, sin esperar algo a cambio.

Con respecto al capítulo 5, trata sobre el lenguaje mundial y su cultura. En este se destaca que los seres humanos tienen la capacidad de adoptar otro idioma adicional a su idioma materno. Por lo que se deduce que el lenguaje es óptimo para tener una comunicación más efectiva, puesto que, facilita las vías de interacción con otras personas.

El lenguaje se puede expresar de distintas

maneras como el lenguaje corporal que es expresado a través del cuerpo, el lenguaje oral que es el que empleamos cada día. Sin embargo, la sociedad desempeña un papel muy importante para que exista una comunicación más activa entre las personas. Por consiguiente, la cultura es otro medio por el cual se puede establecer una conexión entre las personas, debido a que la cultura  está enriquecida de historia que durante pasen los años necesita ser escuchada. El capítulo seis se desarrolla bajo el título *las palabras más usadas en los idiomas*. Aquí se explica cómo el ser humano les da un uso más frecuente a unas palabras que a otras. por lo que, unos investigadores de la universidad de

Vermont se dieron la tarea de realizar investigaciones en base a eso, donde de dichas investigaciones surgió el principio de Pollyanna.

Se abarca que los significados de las palabras contienen un proceso de cambio, ya que las personas a medida que pasen los años les pueden otorgar usos distintos a las palabras. La palabra "OK" según estudios es la más utilizada por el mundo y en una gran cantidad de lenguas.

Es por eso que se da paso al capítulo siete donde lleva por título *la importancia del idioma en tiempos de guerra*. Básicamente el idioma toma un papel muy relevante en estos tipos de problemas, ya que se requiere de la atención de todos los involucrados. Se utilizó el término diálogo como el interceptor dentro de una mediación del problema y el idioma solo es un mediador entre ellos. El diálogo como idioma consigue un bajo porcentaje a la hora de poder resolver un conflicto, debido a que las personas actualmente buscan la solución de arremeter contra otras personas. Es por eso que se dan las innumerables guerras o problemas existentes en el mundo.

El objetivo del diálogo es poder extender puentes de conciliación para con los otros. Por lo tanto, el diálogo puede ayudar a recuperarse de una crisis ya sea de una crisis familiar, política o incluso económica. Existen dos tipos de guerra; la interna que es el disgusto que se tiene consigo mismo y por otra parte se encuentran las que se dan cuando dos personas no logran entenderse y mantienen una disputa sobre algo.

Es por eso que se da lugar al capítulo ocho con *la importancia del idioma en tiempos de paz.* Dicho título se trabaja con la finalidad de llevar una discusión en buenos términos sin excederse en términos de habla. Es importante conseguir un uso adecuado tanto de lenguaje corporal como oral. Es por eso la importancia de poder expresarse de la mejor manera en cuanto a la mediación de problemas. Se necesita adoptar actitudes o posturas que faciliten mucho más la interacción y relación con otras personas para poder tener una comunicación efectiva.

El idioma en tiempos de paz es una de las mejores maneras para establecer lazos de armonía con otras personas y de esa manera tener una conversación pacífica y con un final donde ambas partes consigan beneficiarse.

El capítulo nueve trata acerca de los idiomas y los migrantes. Es por eso que las migraciones son una parte esencial en la diversificación lingüísticas. Estas migraciones consiguen traer consecuencias dentro de la lingüística, ya que tienden a modificar una lengua. Sin embargo, dichas migraciones son vistas de forma negativa en la sociedad, por los estereotipos en que la sociedad actual vive.

Los migrantes es por dicha razón que se sienten discriminados y tienden a decepcionarse cuando llegan a un país extranjero debido a que no tienen el poder de imponer su idioma, pero de alguna manera tienen la facilidad de mezclar palabras correspondientes a su idioma natal.

Por otra parte, las migraciones son vistas como una de las más grandes vías de expansión de hablantes de una lengua.

De igual manera, existen un gran número de personas que apoyan estas migraciones, por lo tanto, se muestran con el compromiso de poder ayudarlas y familiarizarse más con sus costumbres y tradiciones.

Es así como se da paso al último capítulo titulado *el amor como idioma universal*, se puede decir que el amor es un sentimiento de entrega hacia las demás personas sin esperar algo a cambio.

El amor es un idioma que nos complementa de unos a otros, por lo que, se vuelve una manera de comunicación, ya que el amor se puede expresar a través de acciones que nacen desde el corazón y con un solo propósito la felicidad de la otra persona.

Pilar Sordo manifiesta que existe un amor profundo que no es usado por muchas personas en el mundo, debido a que el amor está más asociado con dar de sí mismo y tener más desapego.

El amor consigue manifestarse de distintas formas; sin embargo, la sociedad en la que se vive interpreta el amor de manera diferente, ya que el mundo en estos momentos carece de un amor sincero, y por sobre todo con responsabilidad.

El amor se trata de dar siempre es por eso que los niños bielorrusos refugiados en una organización reciben una ayuda por parte de otras personas, donde se comenta que no se logran entender, pero el amor es lo único que pueden expresarles y con eso basta para los niños. Debido a que es el único lenguaje que los niños pueden comprender, aunque no tengan el mismo idioma.

Por último se encuentra la biografía del autor que consta del cómo y el porqué del libro, cuál fue el motivo por el cual se empezó a escribir, abriendo paso a una manera de concientización para la sociedad en general.

**"EN EL IDIOMA ESTÁ EL ÁRBOL GENEALÓGICO DE LA NACIÓN"**
**-SAMUEL JOHNSON**

# CAPÍTULO 1
## HISTORIA DE LOS IDIOMAS

Los idiomas poseen una gran fuente de vitalidad dentro del mundo, otorgándoles esa singularidad a cada una de las lenguas existentes en el mundo.

Por otra parte, los idiomas según los investigadores poseen diversos misterios, en cuanto a cómo se crearon y cómo a través del tiempo fueron evolucionando extendiéndose por todo el mundo.

Al igual que, a través de las investigaciones, una variedad de científicos aportaron ciertas teorías al mundo para resaltar los diferentes estudios que se realizaban en ese entonces. Entre las teorías están:

La Torre de Babel, se destaca entre todas las teorías, debido a que surge a través de un origen divino otorgado por nuestro Dios supremo, debido a que las personas en ese entonces querían ser como Dios. Entonces Dios para que las personas no actuarán juntas por un fin que solo los llevaría a su propia destrucción, distorsionó las lenguas haciendo que ninguna de las personas reunidas en ese lugar pudiesen entenderse.

Pero el mito de la Torre de Babel como lo determinan los investigadores intentaba explicar por qué hay lenguas extranjeras o distintas; los griegos llamaban bárbaros a todos los extranjeros, pero la palabra solo significa tartamudo y se refería a la incapacidad de aquellas gentes para expresarse en griego. Por otra parte, surge la teoría de monogénesis donde explica de que los idiomas provienen de un solo grupo de personas y cuando se diseminaron se compartió un poco y con el tiempo contrajo una alteración en los idiomas.

La poligénesis, habla acerca de que los idiomas provienen de orígenes múltiples. Las apariciones lingüísticas se fueron dando conforme a como el ser humano se establecía en un determinado lugar. Por lo tanto, los idiomas poseen una manera única que caracteriza a cada país de otros, porque cada persona dentro del mundo posee un lenguaje distinto al nuestro y eso vuelve a que los idiomas sean parte de la cultura de cada país.

Como cada persona tiene sus peculiaridades en su forma de hablar, la entonación que tienen a la hora de expresarse, las maneras de comportarse, estas pequeñas cosas que a simple vista no pueden visualizarse son lo que vuelve un idioma parte intrínseca de cada ser humano.

¿Por qué es intrínseca? Pues porque es parte de nosotros, el idioma es ese pequeño fragmento en cada una de las personas, debido a que es la parte con la que nos crecemos o desarrollamos y la que diariamente empleamos en cualquier ámbito de nuestras vidas.

Por otra parte, el que se vuelva intrínseca, hace que tenga aún más historia de cómo cada persona en el mundo tiene su propia cultura o familiaridad con su idioma establecido desde su nacimiento. Es imprescindible, las distintas maneras en cómo la humanidad a través de los años ha venido evolucionando en el ámbito de la lingüística, perfeccionando cada idioma y encontrando con el paso del tiempo marcas que se han descubierto en la historia acerca del cómo y el porqué las personas utilizan este medio de comunicación a diario. Por otro lado, los idiomas han tomado una posición importante en el mundo y dentro de la sociedad. Debido a que si las personas se vuelven meticulosas, lograrán observar el cómo las personas tenían muchas veces un lenguaje mixto, es decir, combinaban frases de diferentes idiomas, donde querían dar a entender muchas veces un significado diferente.

Actualmente, se dan esos casos donde las personas conocen la misma palabra, pero es empleada de distinta manera dentro de cada país, debido a la manera en cómo la familia se los planteó o que a medida pasó el tiempo la palabra fue tomando un rumbo diferente a la que actualmente tiene y puede suceder que mediante pase el tiempo esa misma palabra pueda contener otro significado en un futuro. El investigador Atkinson centra sus estudios precisamente en los fonemas del idioma, y muestra cómo los sonidos de las lenguas permiten distinguir unas palabras de otras.

A través, de esta investigación el investigador Atkinson buscaba pruebas acerca del efecto fundador de las lenguas que explique la evolución de la lengua.

Por lo tanto, Atkinson afirmó que el lenguaje es un marcador de ascendencia cultural, entonces somos una familia en un sentido cultural además de genética. Debido a que el lenguaje con el paso del tiempo evolucionó, volviéndose una culturización en una determinada sociedad. Por lo que, el lenguaje según Atkinson es tomado como una diversidad cultural que ha transcurrido durante los años, ya que se expandió por el mundo de distintas maneras.

Los idiomas en sí, son parte de la cultura de cada país y por lo tanto, son un elemento indispensable en el desarrollo de las personas. Sin embargo, así como evoluciona el ser humano, la cultura evoluciona de igual manera, diversificando sus lenguas por el mundo.

Pero si existen un aproximado de 5000 a 6700 lenguas ¿dónde están? una cuestión importante es que no se reparten de manera uniforme. La mayor diversidad lingüística se encuentra en África y Nueva Guinea o en general, en el pacífico. ¿Por qué hay más en unos sitios que en otros?

A principios de siglo, el lingüista y antropólogo norteamericano Edward Sapir propuso la hipótesis de que en los emplazamientos más antiguos de las familias lingüísticas, en su lugar de origen es donde hay que esperar la máxima diversidad, ya que lógicamente ha habido mucho más tiempo para la diversificación.

Por lo tanto, los idiomas son los sistemas de comunicación que poseen los países y los grupos étnicos, los cuales en su totalidad son sistemas verbales. Es por eso que los idiomas, pueden ser entendidos, como verdaderos fenómenos sociales e históricos, que se fueron dando en los diferentes pueblos que habitaban en la tierra hace miles de años atrás. Por ende, los idiomas son fenómenos representativos de culturas y de una historia común de uno o más pueblos en particular.

"**EL LENGUAJE ES EL VESTIDO
DE LOS PENSAMIENTOS**"
**-SAMUEL JOHNSON**

## CAPÍTULO 2
## EL IDIOMA EN UN RECIÉN NACIDO

El idioma como se sabe es la lengua propia de cada persona según su lugar de origen, es un medio de comunicación lingüístico que se puede desarrollar de manera oral o escrita.

Los seres humanos tienen una particular manera de expresarse, las personas adultas tienden a desarrollar más esta técnica de comunicación. Sin embargo, si nos centramos en los niños pequeños e incluso aquellos que son neonatos, tienden a llamar la atención por medio de llantos o gritos.

Debido a que, en un niño, es la manera particular de expresar sus sentimientos, lo que quiere, cuando tiene hambre o cuando está asustado lo expresa teniendo un repentino llanto, donde hace saber a sus padres que requiere de la atención de ellos.

Centrándose en los niños, se conoce que un bebé desde que está dentro del útero está expuesto a escuchar diferentes voces. Sin embargo, esta es la primera vez en la que un niño puede tener un tipo de comunicación, cuando está en el proceso de embarazo la madre puede sentir a su hijo pateándole o muchas veces haciendo movimientos bruscos, desde el punto de vista de la madre puede sentir fuertes dolores, pero quizás es una manera del bebé de comunicarse con su madre cuando algo no le gusta, ya sea porque su madre está en una posición donde él o ella no está cómodo/a.

El bebé responde a la voz de su madre porque es la voz con la que está más familiarizado/a, el bebé generalmente recuerda sonidos y lo asocia con el medio en el que se está desarrollando. De esta manera, aprende continuamente el idioma.

Los bebés desarrollan habilidades de lenguaje a través de la interacción frecuente que estos tengan con las personas en su entorno, como cuando les leen, les hablan o incluso les cantan.

Cuanto más sea la interacción del bebé con el mundo exterior, más rápido asimila el idioma y lo aprende de manera efectiva. Es importante destacar que un desarrollo comunicativo en los bebés ayuda a mejorar su habla y su audición.

Existen una variedad de maneras de comunicarse en los bebés. Sin embargo, debido a las innumerables enfermedades que existen hoy en día, algunos bebés no logran desarrollar estas habilidades de comunicación, por lo que, a los padres les resulta difícil tener una plena comunicación con su hijo/a.

Para tener una comunicación efectiva con los bebés es importante comunicarse de cualquier manera con ellos, sobre todo aquellos que por alguna razón no desarrollaron la audición es importante que las personas se capaciten y puedan comunicarse a través de señas con el bebé, incluso con aquellos que tienen la discapacidad de hablar.

En la actualidad, se realizan incontables investigaciones acerca de las maneras en cómo se comunican los recién nacidos y de qué manera las personas puedan atender sus llamados. Según Priscilla Dunstan fundadora del método Dunstan expresa que los bebés se comunican bajo un lenguaje universal basado en reflejos naturales. Priscilla descubrió la manera de entender a los neonatos y las necesidades que estos pueden llegar a tener, ella lo descubrió a través de su bebé, observando cómo emitía distintos sonidos antes de comenzar a llorar.

Priscilla afirmó que los pequeños poseen su propia manera de comunicarse, y lo hacen a través de cinco sonidos concretos que revelan necesidades básicas.

Es imprescindible la manera en que un recién nacido puede reaccionar a distintas situaciones. No obstante, la ciencia y la vida forman una gran combinación, volviendo capaces de entender los comportamientos del ser humano desde su nacimiento. Sin embargo, el razonamiento y el tiempo que se le dedique al bebé, influencia en el lenguaje y el idioma que este crea en el proceso de su crecimiento, debido a que todos los momentos son óptimos en el aprendizaje del idioma natal del niño.

"NUESTRA LENGUA MATERNA ES MÁS QUE SOLO UN IDIOMA, ES NUESTRA ALMA. ES LA ARMADURA DE LA MENTE HUMANA; UN ARCHIVO DE LA HISTORIA. INVENTAMOS EL MUNDO MEDIANTE LA LENGUA" - MRUNALINI

## CAPÍTULO 3
## PORQUE SE LLAMA LENGUA MATERNA

La lengua materna resulta difícil de definir, pero se considera como aquella que una persona relaciona directamente con su cultura de origen, independientemente de quien haya sido la persona o el colectivo que la haya transmitido.

La lengua materna se identifica tradicionalmente con la lengua familiar o generalmente la de sus padres; debido a que la lengua de los padres es la primera lengua que logra interpretar desde que nace.

La infancia es un determinante en nuestra formación. De hecho, durante los primeros años es cuando se aprende el lenguaje y el primer idioma que aprendemos es precisamente la lengua materna. Con posterioridad se puede aprender una segunda o tercera lengua, pero previsiblemente su dominio será de inferior nivel.

La lengua materna evoluciona por las conversaciones que la madre o las personas hablantes cercanas con sus hijos. Es importante que la madre utilice un lenguaje adecuado y correcto, porque si no retrasaría la evolución del mismo. Por ejemplo: lo lógico y correcto es decir perro y no gua gua.

Sin embargo, hay casos en los que la lengua de la madre no corresponde a la lengua mayoritaria de la familia. Por lo tanto, el niño se adapta al idioma de ambos.

Existen muchos casos donde la lengua natal de la madre es una y la lengua del padre es distinta. De esta manera el bebé desarrolla su lenguaje teniendo la capacidad de reconocer los dos idiomas.

Un recién nacido tiene la habilidad de reconocer las distintas lenguas que en este caso serían los de la madre principalmente y luego sería el del padre, es poco común que un niño se desarrolle con una comunicación de este tipo. Algo sorprendente de ellos, es que aun siendo tan pequeños son capaces de comprender lo que los padres les quieren comunicar. Volviéndose imprescindibles la manera de comunicarse, otorgándoles beneficios en su proceso de evolución dentro de la comunicación.

¿Por qué se da este fenómeno? si bien, se tiene en cuenta que muchos países poseen un doble idioma oficial. Por lo tanto, los padres se ven obligados a manejar de manera fluida los dos idiomas, sin embargo, esto hace que el niño desarrolle un bilingüismo, debido al manejo de los dos tipos de lengua dentro de su país natal. Por lo general, el idioma materno se conoce e incorpora desde el seno familiar. La habilidad en la lengua materna es imprescindible para el aprendizaje posterior, ya que constituye la base del pensamiento. Por otra parte, un dominio parcial de la lengua materna entorpece el proceso de asimilación de otros idiomas.

De acuerdo a las teorías de Noam Chomsky y de otros lingüistas, la lengua materna puede ser aprendida hasta aproximadamente los doce años de edad. Una vez superado este lapso, las capacidades lingüísticas de cada persona son diferentes y todo idioma incorporado pasa a convertirse en una segunda lengua.

La lengua materna es parte de la diversidad lingüística, por lo que, según la UNESCO la diversidad lingüística se encuentra más amenazada con un mayor número de lenguas que desaparecen cada dos semanas, llevando consigo la desaparición de todo un patrimonio cultural e intelectual.

Por lo tanto, es por eso que se inauguró el día de la lengua materna, donde su finalidad es proteger todos los idiomas de los pueblos, de ahí la importancia de cuidarlas ya que son una riqueza y una base fundamental de la identidad cultural.

No obstante, gracias a la comprensión de la importancia que tienen las lenguas maternas se han alcanzado logros en materia de educación plurilingüe. Sin embargo, las sociedades multilingües y multiculturales existen a través de sus lenguas, que transmiten y preservan los conocimientos y las culturas de manera sostenible.

"PARA QUE EL AMOR FRATERNO SEA REALMENTE VERDADERO, DEBE SER TAL QUE EL BIEN DE UNO SEA EL BIEN DE TODOS, Y QUE EL MAL DE UNO LO SIENTAN TODOS" JUAN BOSCO

# Capítulo 4
## El Amor Fraterno y Los Idiomas

El amor es un estado mental que crece o decrece dependiendo de cómo se retroalimenta este sentimiento en la relación de los que componen el núcleo amoroso.

Sin embargo, el amor fraternal es considerado como una manifestación de amor donde se clasifica dependiendo de la relación que tenga la persona con el medio.

El amor fraterno se refiere al afecto que existe entre hermanos que se extiende a los demás integrantes de la familia, incluyendo a los amigos más preciados. Por lo tanto, implica un conjunto de sentimientos y acciones que se dan de manera desinteresada y se comparten con todos aquellos individuos que están a nuestro alrededor. Este tipo de amor se debe cuidar, cultivar y promover como un aspecto importante de la vida. Este amor fomenta sentimientos de cariño, respeto, confianza, estima, lealtad, compasión.

El amor fraterno es un idioma particular que se puede expresar de distintas maneras siempre y cuando el vínculo entre la familia sea fuerte.

Así que, si una familia no está vinculada amorosamente mediante el tiempo, el amor se convertirá en un problema, de manera en que las personas cambian y su entorno los hace cambiar también.

El amor fraternal es indispensable dentro de un núcleo familiar. Sin embargo, en la actualidad hay innumerables casos de familia, donde el amor o la falta de amor en la familia los conlleva a tener conflictos a menudo. Volviéndose un entorno insano y poco amoroso.

Desde el punto de vista lingüístico, el amor fraternal tiende a comprenderse dependiendo de la cultura o la manera en que su familia a través de los años lo ha ido expresando con las futuras generaciones.

Muchas veces las familias muestran su amor a través de la educación que los padres inculcan a sus hijos, ya que en la sociedad actual si un padre le otorga buena educación a su hijo/a es una forma de mostrar el afecto y amor que estos tienen con ellos.

Por otra parte, el idioma es importante porque es el medio de interacción que tiene la familia para transmitir su amor o muchas veces los gestos tienen un rol importante; debido a que es una forma lingüística de demostrar el amor, en este caso el amor fraternal.

Durante los años el lenguaje y la cultura ha sido uno de los factores indispensables que ayudan a que las familias tengan sus propias costumbres y tradiciones volviéndose en un entorno afectivo.

¿De qué manera? Bueno, las familias a través de sus ideales que transcurren a través de sus generaciones comparten todo ese amor y afecto a las futuras generaciones, donde cada costumbre familiar por muy insignificante que se vea deja una marca en cada uno de los integrantes de la familia.

Es allí exactamente donde entra el amor

fraternal ese afecto que se le da a las pequeñas cosas, pero que se disfruta en un ambiente amoroso, donde tanto el lenguaje corporal como el oral tienden a ser indispensables en este tipo de acciones.

¿Por qué algunas familias no poseen amor fraternal? Si bien, estos casos son muy vistos por la humanidad, uno de los factores importantes ante este problema es la falta de comunicación e interacción dentro de un ambiente familiar.

Cuando una familia tiende a permanecer con problemas entre ellos mismos, el ambiente como tal se vuelve intenso y el amor poco a poco se va desvaneciendo. Debido a que el amor es una fuente de retroalimentación que con un descuido mínimo todo alrededor se vuelve más estrecho.

Por lo tanto, es donde las familias se vuelven con una comunicación más restringida y sus acciones dan a demostrar lo opuesto a lo que debería representar un núcleo familiar.

Esas son exactamente las consecuencias que ocurren cuando no existe amor fraternal dentro de una familia. El amor se acaba y la comunicación entre los miembros cada vez más se va acortando, a medida que el amor se acaba, aquella familia también se desvanece y con el tiempo se pierde en su propio mundo cada uno de ellos, quedando como unos completos desconocidos.

Es por eso que el amor entre las familias debe perdurar por siempre, debido a que el amor fraterno, no precisamente debe ser con la familia como se mencionaba anteriormente también puede ser con los amigos más preciados. Sin embargo, en muchas ocasiones la propia familia tiende a abandonar, y es aquí precisamente donde existen intermediarios, estos intermediarios son los amigos más cercanos que en muchas ocasiones pueden ser mejor que la propia familia.

Debido a que de eso se trata el amor fraterno, estar con aquellas personas que siempre te apoyan y te mantienen cuerdo en el mundo. Que a pesar de los altos y bajos siempre están allí dándote la mano para levantarte.

Por otro lado, el amor fraterno no sólo se trata de agradecer las acciones que hacen por cada uno de nosotros. También, es hacer acciones sin esperar algo a cambio porque si tú haces algo lo harás con el corazón, no porque quieres que otra persona te dé algo mejor a cambio. Porque si tú como persona esperas siempre cosas a cambio déjame decirte que no es amor fraterno. Es deplorable como la humanidad actual, ve y trata al mundo de manera diferente a como en realidad lo deberían de tratar.

Debido a que si no se aman dentro de un núcleo familiar mucho menos amaran a su prójimo.

Es por eso que existen tantas guerras y tantas formas de violencia porque el mundo se está deteriorando alrededor nuestro. A causa de la falta de costumbres, por la falta de comunicación, y sobre todo por falta de ese amor fraterno que tanto le falta al mundo.

"EL LENGUAJE ES EL MAPA DE LA CULTURA. TE DICE DE DONDE VIENE SU GENTE Y A DÓNDE SE DIRIGEN"
-GEORGE STEINER

# CAPÍTULO 5
## EL LENGUAJE MUNDIAL Y SU CULTURA

El mundo está lleno de pequeños seres vivos, que con el paso del tiempo han encontrado una salida al mundo exterior.

El ser humano, sin embargo, posee la capacidad de comunicarse con este mundo exterior a través del lenguaje; aunque, muchas veces parezca imposible.

Sin embargo, la humanidad tiene las habilidades para adoptar otro idioma aparte del propio. Adoptando una lengua totalmente distinta, pero que a medida se estudia a fondo ayuda en su interacción con otros.

Esto propiamente lleva a que las personas puedan comunicarse con una mayor facilidad con otras personas con una lengua distinta a la de dicha persona. El lenguaje, es óptimo en el mundo y como se determinó anteriormente, se adopta el idioma desde que se encuentra en el vientre de la madre. Sin embargo, la lengua es uno de tantos medios para poder armonizar con el mundo.

El lenguaje, si bien se sabe puede emplearse de diferentes maneras, puede ser por medio del lenguaje oral que es el que todos conocen y el que habitualmente se emplea.

Por otra parte, está el lenguaje corporal, este lenguaje es empleado por la mayoría de personas en el mundo, y se puede expresar de diferentes maneras, como cuando alguien está alegre, sonríe de oreja a oreja, cuando alguien está enojado frunce su ceño, entre otros. Este tipo de lenguaje está relacionado con las gesticulaciones. Muchas veces, el mundo sorprende cada día más a la humanidad; debido a que un número incontable de personas sufre un déficit en el área de la comunicación desde su nacimiento, pero los seres humanos siempre han encontrado la manera de solucionar este tipo de situaciones.

Puesto que, las personas se capacitan para poder tener una relación más cercana con la persona afectada a través de señas, gestos o pinturas con la única finalidad de que la persona afectada se sienta incluida dentro del mundo y claramente de la sociedad. Y por supuesto, para que dicha persona obtenga una mayor interacción con el mundo.

Dentro del lenguaje la sociedad en general desarrolla un papel muy importante, ya que es la mediadora de que exista una mayor interacción entre los colaboradores que en este caso serían los seres humanos dentro de una comunidad. Se puede notar en el mundo actual que el lenguaje es un medio de comunicación que sirve para llegar a un acuerdo dentro de una discusión. Sin embargo, actualmente la humanidad no utiliza demasiado este medio de comunicación, lo que vuelve un mundo más violento y con ese deseo de venganza.

Pero ¿por qué? Porque no utilizan el medio correcto para resolver sus diferencias. Realizando sus acciones o resolviendo sus problemas por el medio más fácil que encuentran en una toma de decisión.

Por otra parte, la humanidad está arremetiendo contra sí mismos, pero es por la misma razón de que están perdiendo esa manera única de comunicación, donde todo el mundo se puede entender, siempre y cuando se haga de manera educada. Porque el idioma actualmente no es un determinante que nos detiene para poder interactuar; debido a que existen métodos para poder lograr una comunicación.

Por otra parte, la cultura es un medio de interacción tan compleja, debido a que el mundo está enriquecido de cultura. La cultura nos provee una manera peculiar de expresarse e interactuar con las demás personas.

Esta en particular es una fuente de vida, que siempre y cuando se mantenga y por sobre todo se utilice de una manera correcta prevalece entre la humanidad ejerciendo buenas acciones para con los demás. La cultura nos otorga un medio más amplio por el cual se puede establecer un diálogo, debido a que se intercambian las costumbres y tradiciones propias de cada país.

A través de la cultura, existe una diversidad de historia que muchas veces requiere de que la humanidad la escuche, para no volverse extinta en el mundo.

Es importante mantener un diálogo, formar la manera de poder interactuar a través de distintas variables con el mundo. Para que este prevalezca y siga siendo esa fuente de vitalidad que mantenga a la humanidad cuerda.

Según estudios, se calcula que a fines del siglo XXI solo quedará el 10% de las lenguas que ahora se hablan. Pero sucede que en la inmensa mayoría de los casos, las lenguas se pierden porque sus hablantes deciden que no les vale la pena conservarla, pues les resulta preferible adaptarse a otra de más importancia cultural, económica, social o política.

Algunos piensan que la lengua representa la idiosincrasia más profunda de un pueblo y una cultura y de las personas que participan de ella. Si se pierde la lengua desaparece la cultura y la persona queda desarraigada cultural, étnica y nacionalmente de manera que hay que procurar que no desaparezca ninguna lengua más.

"APRENDER OTRO IDIOMA NO ES
SOLAMENTE APRENDER PALABRAS
DIFERENTES PARA LAS MISMAS COSAS,
SINO APRENDER OTRA MANERA DE
PENSAR ACERCA DE LAS COSAS"
-FLORA LEWIS

## CAPÍTULO 6
## PALABRAS MÁS USADAS EN LOS IDIOMAS

En el mundo existen millares de formas de comunicación y/o lenguas donde las personas pueden desarrollarse y expresarse con toda la libertad. Sin embargo, el idioma no es un inconveniente hoy en día para poder comunicarse.

Como se mencionaba en los argumentos pasados, el idioma no es un determinante o mejor dicho un limitante para poder establecer relaciones con otras personas fuera de nuestra misma cultura o habla.

Por lo tanto, el idioma es tomado como un símbolo de interacción, donde tanto la persona hablante como el escucha puede formalizar un diálogo sin necesidad de ser ambos del mismo lugar de residencia. Por lo tanto, con respecto a un análisis demostró que los términos positivos son los que dominan la comunicación humana.

Algunos investigadores de la universidad de Vermont realizaron investigaciones acerca de las palabras más usadas en el mundo. Dichos investigadores hicieron uso de bases de datos de las diferentes redes sociales, subtítulos de películas, letras de canciones, entre otros.

Según sus resultados las palabras como muerte o violencia fueron menos frecuentes, mientras que besos, vacación y felicidad tuvieron una aparición más frecuente.

Esto los lleva a cierta conclusión, donde afirmaron que los idiomas más optimistas son el español y el portugués y los más pesimistas son el chino y el coreano. Este estudio se utilizó para determinar el principio de Pollyanna, el cual señala que los humanos tienen la tendencia a usar más expresiones positivas que negativas.

Por otra parte, cada lengua expresa palabras distintas o en muchos casos palabras parecidas pero con un significado distinto, debido a que en una cantidad ilimitada de países poseen una lengua distinta, volviendo más complejos los significados de distintas palabras.

Es por eso, que cada persona dentro de un determinado país posee un vocabulario común y una terminología. Donde la terminología son nomenclaturas que se crean y se usan para etiquetar entidades delimitadas en la realidad extralingüística. Los modos de distinguir y de conocer la realidad extralingüística son prácticamente ilimitados, de ahí las diferentes fisonomías que presentan las lenguas.

Cuando se habla de realidad extralingüística se refiere a todos aquellos elementos existentes que son exteriores a la lengua pero que influye en el proceso global de la comunicación. Así como la gesticulación que es un factor extralingüístico de gran importancia para la comunidad.

Es como de esta manera los significados de las palabras usuales de la lengua se encuentran en un proceso continuado de formación. El contenido significativo de una palabra queda en cierta manera modificado después de cada acto de habla, ya que la formación natural de los significados que se producen en el lenguaje se encuentra por tanto siempre en acción. Puesto que, las palabras usadas frecuentemente a medida como la sociedad las emplee así será el uso que recibirá dicha palabra y también conforme pasa el tiempo el significado de las palabras toma un rumbo distinto dentro de la comunicación global.

No hay que negar que existen más palabras que se usan con más frecuencia y otras que casi no se utilizan en el medio.

Muchas veces en países extranjeros se utilizan palabras que no van de acuerdo a su idioma. Sin embargo, esto se da debido a las migraciones que se dieron y que aún en la actualidad se siguen dando. Es por eso que la diversidad tanto lingüística y cultural continua en un incremento año tras año por las innumerables migraciones a nivel mundial, enriqueciendo día a día la cultura y el idioma. En un estudio realizado se determinó que la palabra "OK" es la más utilizada en todo el mundo. Se calcula que se usa una vez por segundo y está presente en más de 600 lenguas y cantidad de dialectos. Es por eso que los significados lingüísticos no son pues, fruto del pensamiento reflexivo sino, manifestación de la inmediatez de nuestra contemplación del mundo y de nosotros mismos. Debido a que el carácter libre y creador propio de cada acto lingüístico, es el responsable de ese constante cambio que acontece en todas y cada una de las lenguas vivas.

"EL LENGUAJE NO SOLO DESCRIBE LA REALIDAD, SINO QUE ADEMÁS ES CAPAZ DE CREARLA. NUESTRA FORMA DE HABLARNOS A NOSOTROS MISMOS AFECTA TREMENDAMENTE A NUESTRA MANERA DE RELACIONARNOS CON EL MUNDO"

-MARIO ALONSO PUIG

# CAPÍTULO 7
## EL IDIOMA EN TIEMPOS DE GUERRA

El idioma como se ha venido desarrollando, muchas veces puede ser la fuente de salida de uno o más países que están a punto de entrar en conflictos.

En este caso se utilizará el término diálogo, utilizando el idioma como intermediario. Debido a que el idioma es un complemento que facilita un diálogo entre dos personas interesadas en resolver diferencias entre un respectivo tema.

El diálogo si bien es un proceso incluyente donde tal como lo demuestran las conversaciones sobre el cambio climático, el diálogo reúne un conjunto diverso de voces para crear un microcosmos de la sociedad en general. Esto muestra como el idioma puede desempeñar un papel muy importante dentro de un diálogo más si se trata de un problema delicado que requiere la atención de ambos participantes.

Lo que significa dialogar:

El diálogo implica aprender y no solo conservar, esto se refiere a que el proceso no solo implica solamente sentarse alrededor de una mesa sino modificar la forma en que las personas hablan, piensan y se comunican entre ellas.

Debido a que los participantes deben estar dispuestos a tratar las causas fundamentales de una crisis y no solo los síntomas que asoman a la superficie. Muchas veces se puede realizar un diálogo en pro de un determinado problema. Sin embargo, este solo tiene una ausencia del problema temporal entre las partes. Es aquí en estos momentos donde se puede utilizar la palabra como medio conciliatorio, aunque también se puede romper el diálogo por problemas de mera forma de comunicación.

El idioma muchas veces es determinante para que las personas puedan conciliar un determinado problema; pero las personas en el medio actual se han desarrollado con una cultura distinta disfrazando el problema a manera que, aunque probablemente no se vea la crisis o el conflicto sigue aún allí. Entonces genera sí o no una continua confrontación. El diálogo pone énfasis en una perspectiva de largo plazo. Otras formas de conversación tienden a enfocarse más en los síntomas que en las causas fundamentales de los problemas. Muchas veces las partes en conflicto, no poseen la capacidad de reconocer sus diferencias y en algunas ocasiones no logran resolver dicho problema debido a que no son capaces de ver más allá del problema y preguntarse en qué están fallando o que están haciendo mal.

En la actualidad, la humanidad está siendo llevada por un camino donde solo importan ellos mismos, dejando de lado las demás personas, se vuelven egoístas con los demás dejando de lado las preocupaciones o el estado en que otras personas se encuentran.

Es triste la realidad en la que la humanidad se desenvuelve diariamente, puesto que, es uno de tantos factores determinantes de conflictos tanto dentro de un país como fuera de ello. Por lo que encontrar soluciones sostenibles requiere tiempo y paciencia, ya que muchas veces un problema en el caso de dos países en conflictos puede llegar a conciliarse dentro de 10 años. Debido a que es un proceso donde ambas partes deben tener en cuenta los beneficios que conseguirán cada una, para poder quedar en buenos términos.

El diálogo no siempre suele ser una estrategia por la cual se puede llegar a un consenso, sin embargo, es la medida mayormente utilizada por las personas hoy en día cuando claramente se encuentran en problemas de mayor magnitud. El diálogo como idioma tiene una gran importancia en el mundo, pero existen innumerables problemas a resolver en este mundo; debido a la carencia de diálogo por el cual está atravesando la humanidad en este momento, esperando que en un tiempo no muy lejano el diálogo pueda reparar estos problemas. Se puede decir, que esto puede ser un proceso flexible y adaptable a diferentes contextos y países, ya que como hemos visto el idioma no es un determinante hoy en día para la comunicación. Esto resulta útil cuando las partes de un conflicto aún no se encuentran listos para negociaciones.

Es por eso que el diálogo requiere, en primer lugar, que las condiciones básicas estén presentes. Cuando el odio, la violencia y la desconfianza son más fuertes que la voluntad de forjar un consenso; estos tres factores provocan una combinación de destrucción volviendo a un ser humano vengativo, donde las personas no permiten que otras puedan brindarles recomendaciones; debido a que se encierran en su mundo de que todo lo que hacen es por servirle a su país si se tratara en este caso de política.

Cuando las dos partes utilizan el idioma o diálogo como opción para resolver el conflicto. Cabe destacar, que de dicho diálogo nadie sale ganador, ya que el propósito de la negociación es alcanzar un acuerdo concreto.

El diálogo en forma de negociación sirve en gran manera para poder poner de manifiesto el problema y con la colaboración de los mediadores de dicho incidente poder poner un alto y proponer diferentes formas de como solucionar sus diferencias.

El diálogo puede facilitar la recuperación de una crisis, se puede muchas veces llegar a tener una discusión sobre un determinado tema que quizás parezca imposible de resolver, sin embargo, con el paso del tiempo aunque no se solucione el problema en ese momento, con el tiempo se podrán ver los cambios, pero eso sí, siempre teniendo paciencia.

Por otra parte, esto puede ayudar a evitar el conflicto violento, la guerra como se conoce siempre tiende a comenzar por una mala pasada entre dos personas o muchas veces por cosas insignificantes.

Actualmente el diálogo puede resolver muchos problemas, dando prevención a que un problema se vuelva mucho más grande ocasionando la agresión entre dos personas.

El objetivo del diálogo es tender puentes entre las comunidades, compartir perspectivas y descubrir nuevas ideas de cómo resolver un determinado conflicto qué está ocurriendo en un determinado lugar.

Como Mandela dijo en alguna ocasión, **"Los conflictos son resueltos a través de cambios que al inicio parecían inimaginables".** Esto se refiere a como cualquier problema mediante el paso del tiempo pueda tener una solución aunque a simple vista sea difícil de resolver, ya que es importante empezar por cambios mínimos pero poco a poco ir mejorando aunque para los demás no pareciera notarse el cambio; debido a que es importante darle tiempo al tiempo. La guerra no necesariamente tiene que definirse cuando dos países se atacan entre sí, también se puede tener una guerra interna cuando muchas veces las personas no están acostumbradas a ser criticadas o no tomadas en cuenta por ser diferentes a los demás.

Es importante tomar en cuenta que un monólogo existe y se basa en tomarse un tiempo para sí mismo y comenzar a reflexionar de las cosas que podemos estar haciendo mal como personas.

Existe una gran diferencia entre la guerra del mundo exterior y la propia. La guerra en el mundo exterior está mediada entre dos países o personas en este caso, donde no precisamente tienen que ser personas con un mando sobre algún país, sino que puede ocurrir entre dos empresarios, entre dos o más personas que por alguna extraña razón no comparten las mismas ideas.

En cambio, una guerra propia es la que se da

por desmotivaciones donde incluso se duda de la existencia de sí mismo, volviéndose un problema debido a que este tipo de incidentes lo pueden llevar a una depresión estableciendo en la mente de la persona el deseo de atentar con su propia vida.

Es por eso la importancia de mantener una plena comunicación y utilizar el idioma como una manera más oportuna y conseguir un mundo mejor libre de personas con una mente vengativa y con el pensamiento libre de querer arreglar las diferencias o problemas mediante el diálogo.

"SI HABLAS A UNA PERSONA EN UNA LENGUA QUE ENTIENDE, LAS PALABRAS IRÁN A SU CABEZA. SI LE HABAS EN SU PROPIA LENGUA, LAS PALABRAS IRÁN A SU CORAZÓN" -NELSON MANDELA

# CAPÍTULO 8
## EL IDIOMA EN TIEMPOS DE PAZ

En los procesos comunicativos, se evidencian múltiples formas de comunicación, sin embargo, se destacan la comunicación verbal y la comunicación no verbal.

En cuanto a la comunicación verbal, esta se realiza de forma oral, por medio de palabras y la segunda, se da por medio de la presentación gráfica de signos.

Los investigadores han estimado que entre el sesenta y setenta por ciento de lo que comunicamos lo hacemos mediante el lenguaje no verbal; es decir, gestos, apariencia, postura, mirada y expresión.

En este sentido, reflexionar frente a qué se expresa con los comportamientos y en general, por medio de aquellos signos voluntarios e involuntarios en los contextos de interacción y cómo incide esto en los procesos de paz, es parte del estudio del uso del lenguaje para propagar un mensaje pacífico o normalizar la violencia.

El uso adecuado tanto del lenguaje corporal como del oral influye demasiado para poder mantener un ambiente calmado, pacífico entre los mediadores, para que así no se propague un ambiente tenso.

Los procesos de comunicación verbal son de mayor reconocimiento en cuanto al aprendizaje de los códigos usados en los mensajes desde temprana edad. Debido a la forma en que las personas aprenden a expresarse, el proceso comunicativo ayuda a que puedan tener una interacción más efectiva sin necesidad de tener una forma de habla ofensiva. Por esta razón, es importante aprender a expresarse de la mejor manera y para mantener ese grano de paz entre las personas, tomando en cuenta que muchas veces se requiere de mucha madurez como para solucionar un problema en buenos términos. Mantener una conversación sin excederse en términos de habla y cultura que se han logrado aprender durante la niñez, adolescencia y posteriormente poner en práctica en la adultez.

La paz positiva es la que se puede instaurar solo a través de un cambio radical de la sociedad, o que por lo menos debe avanzar al mismo ritmo que la promoción de la justicia social, y la eliminación de las desigualdades. Se requiere de la ayuda de la sociedad para poder llevar a cualquier parte del mundo paz, para que ayude a todas las personas a conseguir un mundo mejor. Consiguiendo mejores oportunidades y un estilo de vida más seguro dentro de la sociedad; libre de violencia y de todos los factores que puedan ser perjudiciales para nosotros mismos.

Debido a lo cual, se puede decir que es la fácil comunicación y la tranquilidad de poder transmitir la buena vibra a través de nuestra interrelación y/o la fácil transición de vocabulario preciso y conciso de decir en la medida de lo posible en que las facultades y momentos nos los permiten. Tomando en cuenta que las circunstancias, se buscan para poder llegar a esos momentos de la buena comunicación e iniciar a fomentar y cambiar el mundo con nuestra actitud y lograr la felicidad mundial. Es importante que a través de las actitudes o posturas que las personas tomen por medio de sus habilidades de poder conseguir una mejor relación entre las personas y en mejores casos entre el mundo, puedan lograr formar un nuevo mundo donde las diferencias o desigualdades puedan desaparecer.

La importancia de la paz como idioma actualmente puede generar una ligera forma de ver las cosas, así como tal crear un lazo más fuerte entre las personas que lo practican dentro de un círculo social. Según pasan los años, el idioma como proceso de comunicación se necesita, debido a las innumerables maneras en como el mundo está olvidando este valor y como las personas están arremetiendo contra sí mismas, sin olvidar que a medida pasa el tiempo las personas van olvidando un valor tan importante que en muchas ocasiones es el único valor que puede mantener una sociedad, un país, un mundo. Así como Baldinger señala que la lengua divide el mundo y hace de la infinita multiplicidad de la realidad un cañamazo abarcable y divisible.

Baldinger intenta explicar cómo la lengua en su mayor esplendor actualmente es un factor por el cual las personas tienden a perder comunicación, y utiliza el término cañamazo siendo este una tela muy fina capaz de bordar y lo relaciona con la sociedad en general. Debido a que la sociedad es fácil de abarcar y en este caso divisible dentro de muchos factores como la cultura y la lengua.

# "UN IDIOMA DIFERENTE ES UNA VISIÓN DIFERENTE DE LA VIDA" -FEDERICO FELLINI

## CAPÍTULO 9
### EL IDIOMA Y LOS MIGRANTES

La historia de la humanidad es una gran sucesión de movimientos migratorios. Desde el origen mismo del ser humano hasta el mundo contemporáneo, gran parte de los principales hechos históricos del mundo tienen que ver con desplazamientos de población de unas regiones a otros, por razones económicas, bélicas o de simple supervivencia.

Los movimientos de población de unas regiones a otras son procesos que tienen consecuencias en muy diversos planos de los individuos y de las sociedades; consecuencias económicas, sociales, políticas, psicológicas, culturales y también consecuencias lingüísticas. El alcance de esas consecuencias depende de múltiples factores, como la cantidad de elementos compartidos por migrantes y receptores, las proporciones en términos demográficos de unos y otros, su heterogeneidad relativa o el peso relativo de los atributos culturales de la comunidad migrante.

Entre las consecuencias lingüísticas de las migraciones es posible distinguir aquellas que afectan a las lenguas mismas, aquellas que modifican de algún modo la organización social de la comunidad lingüística y aquellas que afectan a la vida socio comunicativa de los hablantes, como individuos. Estamos pues ante consecuencias de naturaleza lingüística, comunicativa sociolingüística, etnolingüística y psicolingüística, por mencionar algunas de las más relevantes.

Como ejemplo, "Lengua y migración" es una revista semestral que nace para el análisis de las realidades lingüísticas y comunicativas que emergen de las situaciones de migraciones, esto es, situaciones de desplazamiento de población de un lugar a otro.

El objetivo de esta publicación es prestar atención, de modo transversal, a cualquier aspecto relacionado con las migraciones humanas y que tenga que ver con las lenguas implicadas en ello y con los hábitos comunicativos de las personas y de las sociedades que se ven afectadas por las migraciones.

La revista prácticamente va dirigida con la finalidad de observar los fenómenos sociolingüísticos, en este caso se dan debido a las constantes migraciones que hay en el mundo. Debido a que por medio de estas las sociedades se encuentran en un circulo cultural. Ya que están sometidas a adquirir una cultura distinta a la de ellas, siendo así una diversificación tanto cultural como lingüística.

¿De qué manera se vuelve una diversificación cultural? si bien es cierto, la cultura es uno de los factores que mantienen viva una lengua y la existencia de esta depende de ello, sin embargo, la cultura transmite miles de años de historia a través de signos o símbolos que por medio de estos se adquiere conocimiento y es simplemente una de las vías de comunicación más puras y sinceras que nuestros ancestros dejaron plasmados en el mundo para qué la humanidad actual reconociera los esfuerzos que ellos hicieron en la antigüedad.

También se decía que poseía una diversificación lingüística, pero ¿por qué? si bien, la lengua es un medio que puede cambiar mediante pasa el tiempo, en este caso las migraciones vuelven una lengua modificada, ya que transmiten diversas formas de habla a otros países extranjeros donde las personas migran.

Volviendo así, un lenguaje cambiante dentro de la sociedad, ya que las personas adoptan este tipo de lenguaje o la manera de expresarse de las personas migrantes consiguiendo una fusión de lenguas que al final se vuelve beneficioso para la humanidad.

Las migraciones han supuesto históricamente uno de los principales vehículos de expansión o de contracción del número de hablantes de una lengua. Si bien, los migrantes no pueden imponer su idioma, sí pueden cambiar ciertas cuestiones o modificar estructuras, incorporar vocabulario o gramática del idioma del país de residencia para hacer de su nueva casa un hogar.

Por más que traten de adaptarse lingüísticamente lo más que puedan, investigaciones indican que la variedad del idioma predominante en una región (dialecto) pasa a modificarse luego de una gran ola migratoria. Por lo que se puede decir que la lengua, relacionada con las migraciones es uno de los medios con gran enriquecimiento lingüístico en el mundo. Al igual que las migraciones son la fuente de diversificación en el mundo actual, ya que son las impulsoras de los grandes cambios y de las diversas formas de comunicación entre las personas hoy en día.

Las migraciones son vistas de manera positiva, de tal razón que las personas residentes de un país tienden a acomodarse a las distintas maneras de actuar o expresarse de dichos migrantes.

De igual manera, la migración en otros países, es vista de manera negativa y las personas no tienen derecho a expresarse libremente o a exponer sus tradiciones o costumbres y el país los limita a poder tener un espíritu libre. Llevando a muchas personas a decepcionarse porque todas las personas emigran buscando un mejor estilo de vida y darle mejor vida a su familia. Pero entre lo bueno y lo malo, existen más acciones buenas que apoyan a la diversidad migrante que muchas veces poseen un mejor futuro que un ciudadano propio de su país, gracias a los migrantes se han logrado obtener diversos beneficios tanto en el mundo lingüístico como cultural, llevando a una expansión de ideales de diversas personas.

Donde las personas hacen ver lo imposible posible. Por lo que, esto vuelve un mundo más unido y familiarizado con las costumbres o tradiciones de otros a través de estas migraciones.

"EL AMOR HACE POSIBLE LA
PARADOJA DE DOS QUE SE VUELVEN
UNO SIN DEJAR DE SER DOS"
ERICH FROMM

## CAPÍTULO 10
### EL AMOR COMO IDIOMA UNIVERSAL

El amor es un sentimiento tan profundo e inexplicable que nos permite transmitir afecto, bondad y compasión hacia otras personas que en realidad lo requieren.

Decía Mahatma Gandhi que **"donde hay amor hay vida"**. Esta, sin duda, es una de las definiciones más sencillas pero realistas.

El amor supone una gran entrega, pero sin perder la identidad. El amor es compartir, aprender, descubrir. El amor no necesariamente tiene que entender idiomas, colores, ideologías, edades o sexos.

El amor es todo eso agradable en el mundo que sin importar donde uno se encuentre o la persona con quien esté, uno siempre se sentirá en tranquilidad y con una mutua confianza.

El amor es algo que nos complementa entre sí, es un sentimiento que nos hace sentirnos mejores y más felices. La determinación de este sentimiento depende de las personas con las que convivimos o el ambiente en el que nos encontremos.

Este sentimiento es una manera de comunicación. Si bien el amor puede unir muchas personas, incluso sociedades, aunque tengan un idioma o cultura distinta, porque de eso se trata amar sin limites.

Amar es compartir, es relacionarse con otras personas a través de este vínculo, sin tomar en cuenta las diferencias de apariencia, habla, etcétera.

La frase "el amor mueve montañas" explica muy bien la interacción del ser humano con otras personas y la capacidad de poder sanar a las personas con esa simple muestra de amor, ya que es capaz de cambiar la vida de otro ser humano.

Pero el amor no solo se puede interpretar que se manifiesta entre dos personas que planean un futuro juntos. El amor también puede ser fraternal que es cuando se quiere mostrar afecto a hermanos, padres, amigos. Existe el amor maternal que es de madre a hijo. El amor propio no debe olvidarse y es el que debe estar por sobre todas las cosas, debido a que si no nos amamos suponemos amar a otros.

El amor por otra parte es la energía que mueve al mundo, aunque no se vea a simple vista. Porque podemos ver las noticias a nuestro alrededor; y podemos pensar que no está, pero en realidad el amor siempre se mantiene allí. El amor según Pilar Sordo es inherentemente generoso centrado en el otro y no en uno mismo, y piensa que las personas que se contactan con el amor profundo a la vida son muy pocas.

Para Pilar Sordo el amor oriental es el más sano que conoce, porque las personas se entregan a otras, pero tratan de pensar en las demás antes que a ellas mismas.

El amor de ellos es más donativo, dan para el beneficio de la otra persona, pero nunca pensando en cuál sería el beneficio propio, con la única finalidad de llenar un vacío. Porque ya se convierte en un amor egoísta que a la larga contrae repercusiones sobre la misma persona. Por otro lado, los occidentales expresan un amor de pertenencia donde el lema es "lo que es mío es mío" volviéndose un amor con un alto grado de egoísmo. Debido a que al decir "es mío" se dice con un gran orgullo y suena como una enorme palabra, eso sinceramente no es visto como amor, pero es la cultura con la que crecen dichas personas.

El concepto de amor tiene más de dar de uno mismo, más desapego, tiene más de cultivar detalles, momentos que a la larga permanezcan a pesar de las dificultades.

En muchas ocasiones, el amor suele ser altruista, el poner las necesidades de otros sobre las mías, el tener interés sobre lo qué les pasa a otros, es dar atención a los demás, ya que eso les hace sentirse queridos/as y con el pensamiento de que si le importan a los demás. El amor existe y en muchas ocasiones no es visto este acto de afección hacia los demás,  pero es por la sociedad actual, en cómo  las personas crecen ese sentimiento, en la manera en cómo las familias siembran o cultivan ese sentimiento y como lo interpretan las futuras generaciones.

Como decía Pilar Sordo, el amor profundo de la vida existe en muy pocas personas, debido a que el mundo carece de amor sincero, de amor con responsabilidad, de amar sin esperar ser correspondido.

Se da el caso de niños Bielorrusos refugiados para combatir las secuelas de Chernóbil. Donde Antonia Coronel comenta que lo peor era el idioma, porque no se lograban entender con los niños y afirmaba que simplemente lo único que se debía hacer es darles mucho cariño, qué es lo que los niños necesitaban. Es así como el amor es la única condición necesaria y a la vez el único lenguaje universal.

# Biografía De La Autora
# Kenny Paola Muñoz Salgado

Kenny Paola Muñoz Salgado nació en el mes de marzo del 2001. Fue impulsada a escribir el libro por la necesidad de poder transmitir a la sociedad actual los distintos problemas por los cuales atraviesa el mundo, dando a conocer como el idioma y la cultura son una parte fundamental en la formación de cada uno de los seres humanos.

Kenny empezó sus estudios en la Universidad de El Salvador en la carrera de licenciatura de lenguas modernas especialización en inglés y francés, dicha carrera ha sido un impulso para poder escribir el libro de *creando paz a través del idioma.*

Debido a que ella tiene un peculiar interés sobre los idiomas que se hablan alrededor del mundo. Ella desde hace un tiempo viene estudiando lo que es coreano por lo que decidió comenzar a estudiarlo por si sola, donde poco a poco va aprendiendo vocabulario de un país reconocido por su cultura, ciudades y por sobre todo el sistema educacional que posee dicho país.

Ella a sus 18 años de edad quiso plasmar sus pensamientos y darlos a conocer al mundo como una fuente de ayuda para aquellas personas que necesitan enriquecer aún más sus conocimientos en base a como el idioma puede ser un factor indispensable dentro del mundo y las maneras en las cuales puede ser expresado.

Su principal fuente de motivación e inspiración es su familia, que hasta el día de hoy se ha convertido en una de las mayores fuentes de esperanza y unión para poder realizar dicho libro.

Debido a que la familia es una parte especial

en la vida de ella, por lo que, le resulta una manera distinta de ver la vida y la realidad en la que vive, a manera que esto se vuelva un sentimiento de motivación y satisfacción en cualquier actividad que ella logre culminar.

El idioma y la cultura es su primer libro basado específicamente en el medio en que ella está viviendo y en el que muchas personas atraviesan actualmente. Por la incapacidad del ser humano de poder ver más allá de los problemas.

Su deseo de escribir siempre ha existido, sin embargo, esta es la primera vez que por medio de este libro ella puede expresarse acerca de cómo piensa y, por ende, hace saber las innumerables diferencias que las personas pueden llegar a tener debido a una mala formación tanto lingüística como cultural.

El objetivo del libro es aportar a la sociedad un poco de conciencia tanto en las personas adultas como en los jóvenes que son las futuras generaciones, a que intenten demostrar que son capaces de formar un mundo mejor, que poseen la capacidad de cambiar por el bienestar de otros.

# ÍNDICE

# Creando Paz

## a Través del Idioma

### Escritora Kenny Paola Muñoz Salgado

Prólogo de la Editorial Activista y
Escritora Miriam Burbano....................     4

Prólogo Lic. Rafael Ocho.....................     9

Dedicatoria.......................................     13

Agradecimiento.....…......................     14

Descripción Creando Paz A Través Del
Idioma.........................…..............     16

**CAPÍTULO 1**
Historia de los idiomas.........…..........     31

**CAPÍTULO 2**
Idioma en un recién nacido..........…......     42

**CAPÍTULO 3**
Porque se llama lengua materna...….......     46

## CAPÍTULO 4
El amor fraterno y los idiomas...............   48

## CAPÍTULO 5
El lenguaje mundial y su cultura............   67

## CAPÍTULO 6
Palabras más usadas en los idiomas......   75

## CAPÍTULO 7
El idioma en tiempos de guerra.............   82

## CAPÍTULO 8
El idioma en tiempos de paz.................   94

## CAPÍTULO 9
El idioma y los inmigrantes..................   100

## CAPÍTULO 10
El amor como idioma universal..............   110

Biografía de la autora.........................   117

www.ingramcontent.com/pod-product-compliance
Lightning Source LLC
Chambersburg PA
CBHW020914090426
42736CB00008B/633